ACADÉMIE DES JEUX FLORAUX.

Concours de 1867.

ÉLOGE
D'EUGÉNIE DE GUÉRIN,

DISCOURS

Qui a obtenu une Violette;

Par M. l'Abbé Henri MAIGNAL,

Vicaire à la cathédrale d'Albi.

TOULOUSE,

IMPRIMERIE CH. DOULADOURE;
ROUGET FRÈRES ET DELAHAUT, SUCCESSEURS,
Rue Saint-Rome, 39.

1867.

ÉLOGE

D'EUGÉNIE DE GUÉRIN.

<small>Elle a grandement pensé et naturellement écrit.</small>

Tous les cœurs ont gardé le souvenir de l'émotion rapide et profonde que produisait naguère l'apparition du Journal de Mlle Eugénie de Guérin. Dans ces pages si belles éclataient comme des accents nouveaux ; au milieu de nos jours de tristesse, une œuvre de haute inspiration venait enfin de se révéler, et c'était l'œuvre d'une femme que la gloire n'avait jamais séduite, et dont le dernier soupir s'était perdu comme toute sa vie dans l'obscurité et la solitude. L'Académie française se plut à retrouver dans ce livre la manière des grands maîtres, et voulant honorer une si noble et si pure mémoire, elle déposa une de ses couronnes sur le tombeau d'Eugénie de Guérin.

Il est des œuvres dont le succès est souvent éphémère ; on dirait une de ces urnes pleines de parfum, qui, à peine ouvertes, ne gardent plus rien de leur précieux arome. Mais lorsque tout un peuple salue de ses acclamations un livre nouveau, lorsque entraîné et ravi il décerne à cet inconnu de la veille un éclatant triomphe, on peut affirmer qu'il ne se trompe pas, et que le succès de ce livre sera durable. Le vrai et le beau viennent d'apparaître dans une splendeur inaccoutumée, et le front sur lequel rayonne cette double auréole doit aujourd'hui et dans l'avenir attirer tous les hommages, commander toutes les admirations...

Telle sera la destinée de Mlle Eugénie de Guérin. Son Journal porte en lui-même le succès de tous les temps, parce qu'il y a dans ces pages admirables ce qui est de tous les temps, un grand talent et un grand cœur... et je vais essayer de le mettre en lumière.

A ce travail, je l'avoue, j'ai éprouvé les plus douces émotions, et je veux en garder le souvenir. Vivre avec une belle âme et un beau génie est un plaisir si rare et si pur, qu'on ne saurait l'oublier jamais.

I.

Eugénie de Guérin naquit au Cayla, dans l'Albigeois, en l'année 1805. Ce château est situé dans une délicieuse contrée entrecoupée partout de vrais vallons. Tous ont leur ruisseau au doux murmure qui fuit dans les prés, et dont le cours sinueux est toujours trahi par une ligne de saules ou de grands peupliers. De loin en loin, des barrages arrêtent les eaux qui forment comme de larges nappes ; là retentit du matin au soir le tic-tac du moulin, et pendant l'hiver les sarcelles et les canards sauvages viennent y baigner leurs ailes fatiguées. Ces campagnes ondulées se couvrent, aux premiers jours d'été, de la plus riche parure ; on dirait alors d'immenses coupes que la main du Créateur semble avoir voulu remplir, jusqu'au bord, et de fleurs et de fruits. Les hameaux sont sur les pentes, et souvent à leur lisière se dresse la tour du château aux murailles massives. Enfin, c'est un pays à douce physionomie. Les horizons sont peu étendus, mais riants. Le Cayla, assis sur le coteau, domine un vallon dont il est le roi solitaire. Autrefois, les manoirs, comme les belles âmes, aimaient les hauteurs.

La famille de Guérin, qui l'habitait depuis longues années, était noble par le sang et par la vertu. Elle se composait de six personnes : M. et Mme de Guérin et quatre enfants : Erembert, Eugénie, Marie, et Maurice. Sa vie était patriarcale. Aux alentours et plus loin, on savait qu'au Cayla les cœurs étaient fidèles à tous les grands devoirs et à tous les grands souvenirs.

De bonne heure, Mlle de Guérin fit pressentir les plus heureuses dispositions, et je ne sais, en vérité, s'il se pourrait rêver une figure d'enfant plus aimable que la sienne. Eugénie avait l'innocence gracieuse du premier âge. Elle aimait beaucoup « sa poupée, les » oiseaux, les papillons, un peu la parure. » Le sérieux cependant était le fond de sa nature. « Son âme » réfléchissante s'inclinait sur chaque pensée pour » les respirer. » Elle aimait la lecture, les conversations, les petits soliloques. A treize ans, les Oraisons funèbres de Bossuet étaient une de ses lectures favorites ; elle ne les comprenait pas, mais les pensées du ciel et de la mort, au milieu desquelles plane si souvent l'aigle de Meaux, plaisaient à son âme.

Cette enfant avait un cœur d'or. « Le souffrant était » pour elle. » Les pauvres petits poulets boiteux ou malades étaient une de ses prédilections, le malheur des nids un de ses chagrins.

Enfin, une douce mais ardente piété venait couronner ces heureuses qualités. Un ange présidait à ses jeux ; elle l'appelait : « l'ange Joujou. » La prière était comme l'extase de son âme. Un jour on la vit, à l'âge de douze ans, se jeter aux pieds d'une statue de la Vierge, à Gaillac, et prier la Reine du ciel d'être sa seconde mère à la place de celle que Dieu venait de lui enlever.

Il y eut donc dans Eugénie de Guérin, et dès l'âge le plus tendre, comme un doux mélange de gracieux et de sérieux, de rêverie et de piété, qui donne à cette physionomie d'enfant un charme indéfinissable. Ce charme augmente, d'ailleurs, lorsqu'on sait la grande et pure affection que la Providence avait mise en son cœur, pour être à la fois le bonheur et le tourment de sa vie.

Mlle de Guérin, avons-nous dit, avait un frère du nom de Maurice, le plus jeune, le plus beau, le plus aimé de la famille ; un rêveur comme elle, qu'on surprenait quelquefois le soir, à l'heure de l'Angelus, sur la terrasse du château, où il venait pour voir se coucher le soleil, flotter les nuages, passer les bandes d'oiseaux, pour écouter enfin les mille bruits de la nature et se perdre avec eux dans je ne sais quel vague infini.

Eugénie, plus âgée que lui de cinq ans, l'aimait d'une tendresse de mère. Elle l'accompagnait partout. Ils couraient ensemble les bois, « discouraient sur les » oiseaux, les nids, les fleurs, les glands. Tous deux » trouvaient tout joli, tout incompréhensible ; et ils » se questionnaient l'un l'autre. » On les a comparés à Paul et à Virginie. Oui, c'est bien la même innocence, la même fraîcheur de sentiments, la même poésie, le même enthousiasme de la nature, mais l'affection est d'un autre ordre ; et nous n'avons pas ici le spectacle d'une amitié dont on peut s'émouvoir à cause des passions de l'avenir, mais celui d'une amitié fraternelle, forte et profonde, et qui jamais ne trouble les âmes. C'est le fleuve dont la source est pure et dont les flots coulent toujours purs jusqu'à l'Océan.

Eugénie et Maurice passèrent ainsi leur première enfance, vivant des mêmes joies, des mêmes tristesses et des mêmes amours. Cependant vint l'heure de la séparation ; elle fut douloureuse. Au moment du départ, Maurice recommanda à sa sœur un nid d'hirondelle : Que je retrouve ce nid au retour, lui dit-il... et il l'y retrouva... Plus tard, Eugénie ne se rappela jamais ce trait sans émotion ; il avait été pour elle l'indice certain que Maurice portait en lui-même ce qu'elle devait le plus aimer en ce monde : une âme, et une âme douce et tendre.

L'absence n'affaiblit jamais l'amitié dans les grands cœurs ; elle ne fit que développer celle que Mlle de Guérin avait pour son frère. Désormais, celui-ci sera sa pensée, son inspiration, son génie, sa vie. Maurice avait commencé ses études au petit Séminaire de Toulouse ; il les termina au collége Stanislas, à Paris, après avoir remporté toujours les plus brillants succès. Cinq années s'étaient écoulées. Son retour au Cayla fut doux et triste à la fois ; doux parce qu'il revoyait la sœur tant aimée à laquelle il écrivait ;

> Hélas ! le monde entier sans toi
> N'a rien qui m'attache à la vie ;

triste aussi, parce qu'il se sentait l'âme faible, irrésolue. Ce jeune homme regardait l'avenir, et il n'y trouvait point encore sa place. Le monde et le sacerdoce se partageaient son cœur, un mal secret commençait ses ravages ; de là des inquiétudes, des tristesses, des rêveries que rien ne pouvait apaiser. Cet état dura de longs mois. Il fallait cependant prendre une décision ; Maurice avait vingt-deux ans.

On touchait alors à la fin de l'année 1832. Nous sortions à peine d'une révolution qui avait jeté dans notre patrie de nouvelles divisions, sans lui donner plus de vraie liberté. Les partis étaient en présence, et de tous côtés la lutte était vive. Les vainqueurs voulaient conserver ce qu'ils avaient conquis, les vaincus regagner ce qu'ils avaient perdu ; d'autres, éternels agitateurs, cherchaient à semer des troubles nouveaux pour régner ensuite par la tyrannie. De grands talents, formés sous la Restauration, se déployaient à la tribune et dans la presse, de nouveaux surgissaient ; enfin ce n'était pas un spectacle sans grandeur que celui de ces combats de tous les jours livrés par des hommes tels que Casimir Perrier, Châteaubriand, Guizot, Thiers, et tant d'autres.

L'Eglise comme l'Etat était engagée dans ces émouvantes luttes. Elle avait alors d'illustres champions, en tête desquels marchait l'abbé de Lamennais. Ce prêtre orgueilleux venait d'être frappé par les foudres de Rome, et, comme un lion vaincu, il s'était retiré dans sa solitude de Lachesnaye. Au fond, son âme pleine de colère n'avait pu accepter sa défaite, et restait indomptée ; il se soumettait en apparence, mais son génie hautain préparait déjà de nouvelles armes pour livrer une dernière bataille.

C'est dans cette maison de Lachesnaye que Maurice voulut entrer. Tout l'y attirait. Le maître d'abord, autour duquel s'étaient groupés de jeunes disciples remplis de talent ; puis, cette terre de Bretagne, encore toute empreinte de mystère et de poésie ; enfin, un besoin immense de solitude qu'éprouvait son âme pleine de mélancolie et incertaine toujours.

Mlle de Guérin fut heureuse de cette détermination, qui arrachait son frère aux séductions de Paris et le rapprochait d'un grand homme. Assurément elle l'aimait alors plus que jamais. Son regard avait pénétré jusqu'au plus profond de l'âme de Maurice, et avait découvert une tristesse native qu'elle ne s'expliquait pas, mais qui la remplissait d'un secret effroi. D'un autre côté, ce noble jeune homme était si distingué, « d'une nature si élevée, rare et exquise, » d'un idéal si beau, qu'il ne hantait rien que par la » poésie. » Tantôt sa parole était haute et profonde, tantôt il usait d'un langage fin, délicat, qu'Eugénie trouvait doux d'entendre, et qu'elle n'avait jamais entendu que de lui. « Comment donc Maurice n'eût-il » pas charmé par tous les charmes du cœur? »

L'année passée à Lachesnaye fut, pour le nouveau disciple de M. de Lamennais, plutôt une année de rêveries et de poésie que de fortes études. Son âme s'ouvrait alors à d'autres beautés que celles de la dialectique et de la philosophie. Sa muse était sœur de celle de Bernardin de Saint-Pierre. Les nuages formant sur l'azur du ciel de charmants caprices, les troncs noirs de la forêt debout comme des colonnes d'ébène, la verdure sautant de halliers en halliers, l'Océan où bondissent les vagues comme des cavaliers tartares dans les plaines de l'Asie (1), toute la nature, enfin, sereine ou agitée, le charmait, l'enivrait. Il savait bien que le maître dédaignait ces choses ; mais le vrai poëte chante toujours.

La vie de Mlle de Guérin, au Cayla, ressemblait beaucoup à celle de son frère. Maurice avait sa cellule,

---

(1) Maurice de Guérin.

Eugénie sa chambrette « où elle se plaisait comme aux
» plus beaux endroits du monde. » Elle en faisait ce qu'elle
voulait : un salon, où des causeries intimes charmaient
sa solitude ; une église, avec son crucifix et ses pieuses
images, devant lesquelles elle se prosternait, adorait,
méditait ; une académie, enfin, car aux jours où son
cœur et son imagination débordaient, elle prenait la
plume et écrivait cet admirable Journal que tout le
monde a lu, et dans lequel s'est épanché le plus pur
de son âme.

Ce Journal, le moment est venu de l'ouvrir, de le
pénétrer, de le savourer. Toute la vie de Mlle de Guérin
est là. L'homme se peint comme Dieu lui-même dans
ses ouvrages. Il est difficile d'écrire un livre sans se
trahir corps et âme ; telle est Eugénie dans son Journal. Sa noble figure y est gravée, frappée dans des
traits si pleins de vérité, qu'il devient impossible à
jamais de se tromper sur son caractère et de méconnaître son génie.

Que nous révèle donc ce livre ?

Une des plus belles âmes qui aient paru dans ce siècle, une âme éperdûment éprise du beau et toute vibrante d'enthousiasme pour lui.

Dieu, la beauté par essence, a jeté le beau partout.
C'est le cachet qu'il imprime à toutes ses œuvres ; c'est
leur harmonie, leur parure divine. Le beau n'est pas
caché sous des voiles impénétrables ; celui qui en est
la source éternelle lui a donné partout un trait qui
jaillit, une clarté qui le trahit, une voix qui touche
l'âme et ne trompe presque jamais. Or, l'homme
n'a été mis sur la terre que pour le contempler, pour
l'aimer, le chanter. Certaines natures rares, privilégiées, naissent avec un instinct prodigieux pour le
découvrir ; et quand elles le rencontrent, elles se sentent frémir en tout leur être et presque malgré elles,

comme autrefois la harpe dont nous parlent les poëtes, qui frémissait aux plus légers souffles des brises. Ce don est proprement le don du génie, et il s'est trouvé à un degré extraordinaire dans Mlle de Guérin.

Ainsi, à un âge où les autres enfants ne pensent qu'à se livrer aux jeux, son âme se passionnait pour ce je ne sais quoi d'idéal qu'on a si bien nommé la splendeur du vrai. Elle aimait les rêves, les beaux rêves, les anciens castels, avec leurs ormeaux séculaires, avec leurs preux chevaliers et leurs belles dames appendus dans les grandes salles. Souvent, elle se levait quand on l'avait couchée, ouvrait une petite fenêtre et regardait longtemps les étoiles au ciel. Un jour on l'y surprit ; la fenêtre fut clouée, et la petite enfant ne vit plus ses « beaux luminaires. »

Ce sentiment du beau, si rare dans un enfant, deux choses ont contribué à le développer en elle : l'amour du bien d'abord, de tout ce qui est saint, pur, vertueux, feu sacré où vient sans cesse se renouveler et se purifier l'amour du beau ; elle en était comme embrasée. Puis les lectures sérieuses, sans lesquelles les talents les plus originaux et les plus libres ne deviennent jamais parfaits. Elle lisait Platon, saint Augustin, Bossuet, Leibnitz, Fénelon, Lamartine, Shakespeare, Molière, la Vie des saints, l'Histoire de l'Eglise ; Mlle de Guérin ne vivait et n'était à l'aise qu'en la compagnie des grands génies.

Cet amour du beau devint dès lors l'unique mobile et l'élan de sa vie ; elle le cherchait en tout, et ne se sentait heureuse que lorsqu'elle avait pu, si je puis dire ainsi, jouir de sa vision. C'est l'éternel honneur des grandes âmes de savoir, sans les dédaigner toutefois, s'élever au-dessus des intérêts et des événements d'ici-bas, pour aller goûter, dans les hautes régions de l'idéal, les plaisirs les plus purs et le bonheur le plus complet qu'on puisse rêver après ceux du paradis.

Eugénie a cité dans le Journal ce vers que son cœur avait si bien compris :

<blockquote>Dieu répandit partout la grâce et la beauté.</blockquote>

Cette beauté, en effet, lui apparaissait splendide, dans les dogmes, les cérémonies, dans toutes les traditions catholiques. Noël lui apportait autant de joies qu'aux bergers de Bethléem ; les cloches lui répondaient par leurs tintements qu'elles étaient chrétiennes ; les larmes de Madeleine faisaient couler les siennes ; la confession n'était, à ses yeux, « qu'une » expansion du repentir dans l'amour ; » toute la religion, en un mot, exaltait son âme, et jamais peut-être Châteaubriand lui-même, à ses heures les plus inspirées, n'a mieux pénétré et mieux fait sentir que cette femme les incomparables grandeurs du Christianisme.

La nature aussi, ce livre qu'il n'a été donné qu'aux intelligences supérieures d'ouvrir, de comprendre et d'aimer, lui découvrait ses poétiques splendeurs. Ainsi, quand, par une belle nuit d'hiver, son regard se fixait au ciel, elle pensait « à Dieu, qui a fait notre » prison si radieuse ; aux saints, qui ont toutes ces » belles étoiles sous les pieds ; » et non-seulement la voûte d'azur ravissait son âme, mais toute créature sortie des mains de Dieu, et elle se comparait au fraisier dont parle Bernardin de Saint-Pierre, « en rap- » port avec la terre, avec l'air, avec le ciel, avec » les oiseaux, avec tant de choses visibles et invisi- » bles... » Que cet amour de la belle nature ressemble peu à celui de ces poëtes que les sens enivrent et que le réalisme passionne ! Ceux-ci décrivent la nature, mais ils ne la sentent pas. Ils ne planent pas au-dessus des montagnes, des forêts, des vallées ; l'âme manque à leurs tableaux. Il nous est arrivé parfois de laisser reposer notre regard sur de fertiles campagnes, à l'heure où le soleil descend derrière les collines, et où les troupeaux regagnent à pas lents leur gîte, au chant des laboureurs. Alors, si tout à coup, sortant des bois, un oiseau solitaire monte dans les airs, nous le suivons des yeux avec envie, et rien ne nous semblerait plus beau que de pouvoir planer comme lui librement dans les incommensurables espaces. Ainsi s'élève toujours la douce colombe du Cayla devant les œuvres de Dieu. La plus petite fleur du vallon parle à son âme, et joyeuse alors comme l'oiseau qui déploie ses ailes, elle monte, elle aussi, au-dessus des fleurs et des paysages qu'elle admire, pour se perdre à des hauteurs sereines dans des contemplations presqu'infinies.

Le beau dans la nature ne pouvait cependant encore satisfaire complétement le cœur de Mlle de Guérin, et sa plus pure jouissance toujours fut de chercher et de trouver le beau dans les âmes. « Je n'envie, s'écriait-elle, d'autre beauté que celle de l'âme. » Ce cri n'est-il pas sublime? Une âme se touche, se voit, s'entend; elle a sa physionomie, son regard, son sourire ; et lorsque la vertu se cache sous ces apparences, cette âme apparaît alors dans l'auréole d'une inexprimable beauté, celle précisément devant laquelle se sentait tressaillir Eugénie, et qu'elle a eu le bonheur de rencontrer plusieurs fois dans sa vie.

Ses amis s'appelaient Louise de Bayne, Marie de Maistre, Hippolyte de la Morvonnais ; ils étaient de race illustre, d'une haute intelligence, et de si rares qualités exerçaient sur son cœur une incontestable séduction. Avant tout cependant ils avaient de beaux caractères, de belles âmes, et Mlle de Guérin ne regardait qu'à cette noblesse pour aimer. Là est le secret de l'immense amour qu'elle eut pour Maurice : l'âme de son frère était une âme de choix. Toute sa vie, du reste, n'a été qu'un long apostolat en l'honneur de la vraie beauté morale. Oui, Eugénie n'a eu qu'une passion, élever toutes les âmes que touchait la sienne vers ce qui est bon et beau, achever surtout de polir ce diamant qui était l'âme de son frère, lui donner la dernière beauté en dirigeant son essor vers la beauté divine ; et le jour où elle put entrevoir que ses efforts seraient couronnés, elle se sentit pleinement heureuse et désormais trempée pour toutes les douleurs et tous les sacrifices.

Or, cet amour du beau nous explique maintenant son talent si supérieur d'écrivain ; il nous donne la clef de toutes les richesses littéraires renfermées dans ce livre qu'un grand poëte (1) a appelé : « le plus beau des livres modernes. »

Quand, en effet, une âme comme celle d'Eugénie porte en soi et à un si haut degré le sentiment du beau, elle doit nécessairement éprouver un impérieux désir, celui de le faire partager. Dieu le permet ainsi pour l'honneur et le bonheur de l'humanité. Mais comment Eugénie exprimera-t-elle ses pensées, ses rêveries ? Un livre développant une idée, une thèse, ne pouvait lui plaire ; il y avait dans son âme trop d'enthousiasme. Le beau se présentait à elle d'une manière trop soudaine ; il fallait le saisir au passage et le graver quelque part d'une main rapide et en traits de feu. Aussi, Mlle de Guérin, pour atteindre les purs sommets entrevus par son génie, s'ouvrira des chemins nouveaux. Elle créera sa manière, son genre, et n'imitera personne. Ce genre ce sera le Journal, un Journal aux allures graves, sérieuses, et qui deviendra un chef-

(1) M. de Lamartine.

d'œuvre entre ses mains. Il touchera à tout et comme au hasard, parce que tout en ce monde a sa philosophie, sa vérité, sa poésie. Ce ne seront que des pages fugitives ; mais son génie, trouvant un champ libre ouvert devant lui, pourra donner la preuve qu'il est vraiment créateur, et que ses inspirations ne se répètent et ne s'épuisent jamais..

Il y a deux choses vers lesquelles les peuples reviennent sans cesse : la vérité et la beauté. Vous les rencontrerez à chaque page dans l'œuvre d'Eugénie de Guérin. Oui, ce livre est vrai, absolument vrai. Ce n'est pas du roman, mais de l'histoire. Les faits n'y sont pas dénaturés, exagérés, embellis, ils sont simples comme la vérité. L'auteur n'est pas un faiseur de Mémoires qui pose devant ses contemporains ou devant la postérité, et n'écrit que pour satisfaire sa vanité ; celle qui a tenu la plume ici ne pensait guère au public, qu'elle n'admettait pas d'ailleurs dans ses confidences. La sincérité est dans ce livre ou elle n'est nulle part ; et la famille dont on nous raconte les tristesses et les joies, est bien une de ces familles telles qu'on les rencontre dans notre Midi, franche, naturelle, hospitalière, un peu antique dans ses mœurs et dans ses idées comme les vieux manoirs qu'elle habite, plus heureuse cependant que bien d'autres dans sa paix et dans sa simplicité.

Mais si la vérité est le cachet manifeste du Journal d'Eugénie, il faut bien admettre aussi son exceptionnelle beauté. Le fond d'abord est d'une richesse incomparable. La plume de Mlle de Guérin aime les grands sujets, ou, du moins, elle y revient toujours. Quand son âme s'empare d'une idée, elle en est maîtresse, la retourne sous toutes ses faces, et toujours en fait jaillir la beauté. Elle disait un jour en riant : « Je ne suis pas philosophe... » Evidemment, c'était trop de modestie, car Mlle de Guérin avait à un très-haut degré la philosophie du sens commun, ce qui lui faisait définir si spirituellement la métaphysique allemande : « un puits sans eau. » Aussi, ce sens commun en a fait un profond moraliste. Quelle justesse admirable dans les pensées qui viennent de son cœur, et comme elles résonnent doucement autour de vous ainsi qu'un airain sonore ! Quelle sagesse et quelle sûreté dans ses jugements dont on peut dire qu'ils sont irrévocables ! Comme ses aperçus sont nouveaux et qu'ils deviennent féconds au souffle de son génie ! Vous ne trouverez pas dans tout son livre une seule phrase inutile; toujours sous les mots se cachent les idées. Le vide n'est nulle part. C'est un penseur qui a écrit ces pages, et le Journal d'Eugénie est une mine inépuisable; creusez toujours, toujours vous trouverez de l'or.

Son style est à l'image de son âme, beau comme elle et comme sa pensée. Voilà déjà plusieurs années que le romantisme se meurt ; il n'était qu'une école empirique. On revient enfin à la manière des grands maîtres. On ne médit plus de leurs chefs-d'œuvre, et chaque jour apparaît plus évidente la vérité de ces paroles de Pascal : « Quand on voit le style naturel, » on reste étonné et ravi. »

C'est bien l'impression que fait éprouver la lecture du Journal. Le naturel de ce style vous ravit. Toujours riche et jamais trivial, il a de la chaleur, de la précision, du coloris, un goût exquis, et vraiment je serais tenté de lui appliquer la devise de la famille d'Eugénie : *Omni exceptione majores.*

Toutefois, le talent de Mlle de Guérin comme écrivain est avant tout un talent libre; et cette liberté n'est pas l'anarchie, le mépris des règles : son âme avait trop de sagesse pour permettre à son style d'en manquer ; sa liberté est celle qui crée, et qui, loin d'arrêter ou de corrompre la langue, la fait avancer et l'épure. Cette femme a une manière de dire qui n'est qu'à elle. Ce timbre, cet accent, vous ne l'avez entendu nulle part. Ce style a des ailes ; il est toujours sur les hauteurs. Je le comparerais à une de ces mélodies de Mozart qui nous charment toujours, tant elles sont naturelles et douces à l'âme ; ou bien à une de ces toiles de Fra-Angelico où tout est si pur, si éthéré, que les corps semblent s'évanouir pour ne laisser voir que les âmes.

Le style et l'âme de Mlle de Guérin ont entre eux des rapports frappants, et on ne peut vraiment les séparer l'un de l'autre dans cet Eloge. Ainsi, nous avons vu qu'elle aimait le beau dans la nature ; et elle décrit en effet celle-ci d'une manière délicieuse, avec une finesse, une délicatesse que rien n'égale. Elle aimait le beau dans les âmes ; aussi fait-elle le portrait avec une aisance, un éclat inimitables et d'un trait rapide comme l'éclair. Le fond de sa nature est la réflexion ; de là de hautes pensées sous forme d'axiomes, et dans un ton tranché, vif, arrêté, que n'eût pas dédaigné la Rochefoucauld. Son âme abonde de poésie ; mais son style est comme son âme, et il a reçu de la nature, ainsi qu'on l'a si poétiquement écrit : « le don et l'art » de produire chaque sentiment vrai en fleur selon sa » mesure, depuis le lis royal et le dahlia jusqu'à la » pâquerette. » Eugénie est par ce côté de l'école dont M. de Châteaubriand fut le chef. C'est en prose qu'elle est vraiment un grand poëte ; et si parfois, pour céder aux caprices d'une muse plus séduisante, elle prend sa lyre et chante en des vers faciles, gracieux, poétiques même, elle n'atteint jamais à cette phrase toujours harmonieuse, colorée, et qui, par son tour et par son allure, n'appartient qu'à son génie.

Enfin, pour me résumer, je dirai que la nature si distinguée de Mlle de Guérin se réfléchit en son Journal comme dans un miroir fidèle ; et l'alliance de ces trois choses qui se rencontrent en elle, la raison, le sentiment, l'imagination, m'autorisent à affirmer que son âme fut une âme exceptionnellement belle, et que son livre est un livre exceptionnellement beau. M. Andrieux, enseignant autrefois la littérature au Collége de France, disait un jour : « Pascal, Bossuet, » Montesquieu, écrivains caractérisés s'il en fut ja- » mais, ont grandement pensé et naturellement écrit. » On peut appliquer ces mêmes paroles à Mlle de Guérin : elle a grandement pensé et naturellement écrit...

C'est par là que se trahissent toujours et les grandes âmes et les grands écrivains.

II.

Maurice de Guérin avait compris le génie de sa sœur. « Ah ! si j'étais toi, » lui écrivait-il un jour. Dans sa retraite de la Chênaie, il lisait avec une indicible fierté les pages inspirées d'Eugénie. Tant de talent et tant de cœur l'émouvaient profondément, et plus d'une fois, dans cette lecture salutaire, son âme put goûter une paix profonde et douce qu'il cherchait vainement sur les grèves solitaires de l'Océan ou dans le silence des forêts bretonnes. Le frère et la sœur offraient de grandes ressemblances.

Tous deux avaient le cœur haut, tendre, sensible. Tous deux aimaient leurs foyers, la solitude, les rêveries, les belles âmes, les beaux talents. Tous deux étaient grands prosateurs, tous deux poëtes, pleins de goût dans leurs écrits, hardis cependant dans l'expression, ne voulant de toute chose que la fleur, l'idéal ; enfin, à ne s'arrêter qu'aux apparences, on les prendrait pour deux jumeaux et par le cœur et par l'esprit.

Voici pourtant en quoi ils diffèrent, et où l'on voit éclater toute la supériorité d'Eugénie.

Mlle de Guérin a une foi sûre, profonde, pratique. Sa volonté est énergique, son âme a un but, et veut l'atteindre. La raison en elle finit toujours par maîtriser et régler l'imagination. Maurice, au contraire, du moins pendant plusieurs années, a plutôt le sentiment de la foi que la foi elle-même. Sa vie est dans le vague, le nuageux; il suit le courant du fleuve sans savoir trop où il va ; son imagination, enfin, le guide plus que sa raison.

Celui-ci doute toujours de lui-même. Il est comme ces plantes dont la tige délicate cherche un appui pour porter fleurs et fruits. Celle-là, sans la plus légère nuance d'orgueil, a confiance entière en elle-même. L'appui ne lui est jamais nécessaire ; elle monte par des élans naturels haut vers le ciel, et plus elle s'élève, plus son génie jette de clarté, plus son âme se dilate et devient forte contre l'épreuve.

L'auteur du Centaure a un talent étrange ; il vous étonne, vous fatigue parfois. Sa phrase est ciselée, recherchée souvent, puissante toujours. C'est un amant passionné de la nature, un paysagiste consommé. Mlle de Guérin a plus de pittoresque, d'imprévu, de spontanéité dans son style. Elle a l'aisance du génie, sa facilité est merveilleuse, elle chante, s'élève, plane sans effort. Eprise aussi de la nature comme son frère, elle ne s'y arrête pas ; son cœur passe par delà, pour remonter jusqu'au Créateur et le bénir.

Enfin, Maurice n'a eu que des pressentiments. Ce beau talent a cherché sa voie. Il est tombé comme un fruit au printemps avant d'avoir atteint sa complète maturité. Eugénie, au contraire, a un talent tout d'intuition. Elle a trouvé sa voie du premier coup, et du premier coup s'est montrée à nous dans sa pleine beauté, laissant après elle des œuvres parfaites et impérissables.

Il est évident qu'avec une telle supériorité de caractère et d'esprit, Mlle de Guérin devait exercer autour d'elle une grande et salutaire influence. Elle l'exerça, en effet, et non-seulement sur son frère et sa famille, mais sur toutes les personnes qui eurent le bonheur d'entrer en relations avec elle. Ces relations ont été nombreuses. Eugénie avait besoin d'amis pour satisfaire son cœur aimant, pour remplir sa solitude du Cayla, pour écouler enfin cette abondance de toutes choses que la Providence lui avait donnée. Il y avait plus d'une demeure dans son cœur. Elle le comparait à un rayon d'abeilles « toutes petites logettes » pleines de miel; » le miel était les douces amies qu'elle avait rencontrées sur son chemin, anges consolateurs qui devaient si souvent distiller le baume dans ses profondes blessures.

Entre toutes, deux lui furent particulièrement chères. L'une se nommait Louise, et Mlle de Guérin crut voir un jour son portrait au Musée espagnol de peinture, à Paris. « Une tête vive, un visage ovale, » un air malin, une belle et noble mise, des yeux qui » la regardaient, des joues qu'elle aurait baisées sans » une barre à travers. » C'était bien là Mlle Louise de Bayne, son amie d'enfance, celle qu'elle n'oublia jamais, cœur ardent vers lequel son cœur revenait sans cesse pour y retrouver de charmants souvenirs et y déposer peines et joies.

L'autre ressemblait beaucoup à Louise. Elle avait une imagination des plus riches, papillonnante et ennemie de l'uniformité, une tendresse vive, délicate, charmante, une âme de feu qu'enthousiasmait

la muse de l'harmonie et qui chantait pour Dieu
« comme un céleste oiseau »; c'était une femme supérieure, en un mot, et qui savait si bien souffrir, aimer, sentir, se passionner pour l'idéal, et partant se montrait si belle, qu'Eugénie la définissait un jour :
« Un livre oriental aux feuilles de roses et écrit de
» perles; » j'ai nommé Mme la baronne de Maistre.

Mlle de Guérin avait fait sa connaissance dans des circonstances singulières. Après la dispersion de la Chênaie et quelques mois passés chez son ami M. de la Morvonnais, Maurice était venu à Paris pour y chercher, comme tant d'autres, la fortune et la gloire; mais le climat du Nord était trop âpre pour cette fleur du Midi. Sa faible poitrine ressentit à différentes reprises des atteintes sérieuses, et dans le courant de l'année 1837, le mal fit de tels progrès, que Maurice fut obligé de revenir au Cayla pour réparer ses forces affaiblies. Cependant, plusieurs mois s'étant écoulés, un jeune homme auquel il s'était intimement lié, M. Adrien de Sainte-Marie, pria sa sœur, Mme la baronne de Maistre, d'écrire à Mlle de Guérin pour avoir des nouvelles de la santé de Maurice. Eugénie répondit; ainsi se lièrent d'amitié profonde ces deux âmes si dignes l'une de l'autre; amitié née dans les larmes; celle de Louise était née dans les joies. Le plus grand nombre des lettres d'Eugénie qu'on a publiées et dont on a formé le second volume de ses œuvres, sont adressées à ces deux amies.

Ces lettres sont admirables comme le Journal. Sans doute, Mlle de Guérin ne s'y révèle pas sous un jour nouveau, puisque le Journal n'est en réalité qu'une lettre continue à Maurice; on reconnaît bien toujours le même cœur, la même plume, l'âme aux accents purs et suaves; toutefois, ces pages si faciles et si attachantes font mieux ressortir encore la beauté de son caractère et de son talent.

Eugénie se rendait parfaitement compte de ce que doit être le style épistolaire : une causerie. C'est elle qui a dit : « Je ne sais écrire que lorsque je ne sais ce que j'écrirai..... la plume marque et voilà tout... » Il y a, à la vérité, dans sa correspondance une certaine tristesse qu'on ne rencontre pas d'ordinaire dans ce genre d'écrits. Assurément, ce n'est pas là le style de la blonde et rieuse Mme de Sévigné, mais Mlle de Guérin écrit comme elle naturellement, et sa plume aussi s'en va « la bride sur le cou. » L'une et l'autre aiment la campagne ; et le sentiment des beautés créées, du silence, de la solitude, plaît à leur cœur. Toutes deux ont d'autant plus de naturel qu'elles n'ont jamais songé à faire un livre. Leur charme est d'être vrai, d'écrire avec un délicieux accord d'imagination et de sentiment, de douceur et de force, de naïf et de sublime; et si Mme de Sévigné a plus d'esprit, Mlle de Guérin a plus de cœur, et de ce cœur où viennent se recueillir avec les grandes pensées les grandes douleurs. De là, le ton si élevé et si sérieux de ses lettres. Eugénie s'écriait un jour : « C'est ma lyre à moi que ma plume... » Et toutes les fois, en effet, que le beau ou le grand lui apparaissaient, écrivît-elle une page détachée du Journal ou une lettre d'amie, aussitôt comme des hymnes mélodieux s'échappaient de son âme.

Cette hauteur de pensées et de style explique parfaitement le bien moral que ces lettres ont fait à tous ceux qui les recevaient, et en particulier à Maurice, ce frère aux aspirations si belles, et dont je dois maintenant raconter les derniers moments. Dans une aussi cruelle épreuve, le cœur de Mlle de Guérin va nous paraître encore plus haut que son génie.

Maurice, arrivé au Cayla pour guérir sa délicate poitrine, y passa peu de temps ; ses forces revinrent bientôt. Mlle de Guérin eut cependant alors de funestes pressentiments, et son âme se remplit de tristesse. Son frère avait hâte de retourner à Paris pour mener à bonne fin des projets de mariage formés avant son départ. Une jeune personne de dix-neuf ans, née sur les bords du Gange et d'une noble famille, avait fait impression sur son cœur. C'était presque « un être » idéal » que Caroline de Gervain. « Belle comme une » rose de mai », elle avait un esprit vif, une intelli- » gence perçante, de grands yeux voyant tout, par » bonheur bleus couleur du ciel, ce qui les rendait » célestes ; » enfin tant de charmes se trouvaient réunis dans cette jeune personne qu'Eugénie l'appelait, pour achever le portrait : « Une Ève sortie de l'Orient. »

Le mariage fut décidé vers le milieu de l'année 1838 ; et, au mois d'octobre, Mlle de Guérin partait pour Paris. Maurice l'attendait sur la place de Notre-Dame-des-Victoires. En le voyant, Eugénie se sentit douloureusement émue ; son frère était d'une pâleur extrême, la souffrance avait déjà creusé son beau visage, une flamme brillait dans ses yeux ; peu de jours après, la sœur écrivait : « Mon Dieu ! que je vois de » deuil dans cette noce ! »

Pendant les premières semaines qui précédèrent la célébration du mariage, Eugénie visita la capitale. Ses impressions sont curieuses à lire ; elles sont un témoignage nouveau de l'élévation de ses sentiments, et en particulier d'un attachement au pays natal devenu bien rare aujourd'hui. On a fait un reproche à Paris : celui de séduire les âmes et de vouloir retenir dans ses murs tout ce qui est grand et beau. Comme toutes les fortes natures, celle de Mlle de Guérin sut résister à ces attractions trop souvent meurtrières. Cette femme admire tout, mais rien ne l'étonne. A Paris elle voit les merveilles des hommes, mais au Cayla elle a vu les merveilles de Dieu, celles qui ne passent jamais. Un chant de grive sur les genévriers du Cayla la touche davantage que les concerts de Valentino. Elle trouve que l'éclairage au gaz fait dans les rues des enfilades de feux bien beaux à l'œil, mais cela ne l'empêche pas de s'écrier devant un parisien : « Nos vers luisants » produisent un aussi bel effet dans les haies ; » et comme celui-ci réplique : Vous dites là, Mademoiselle, une impertinence à Paris ; l'observation la fait sourire, mais ne change pas son âme qui se sent toujours plus heureuse et plus ravie devant les œuvres de Dieu que devant celles des hommes.

Après avoir vu et admiré les monuments, Mlle de Guérin voulut connaître les hommes, le monde, la société parisienne. Ici encore, sa plume nous a conservé ses réflexions, et l'on va voir tout ce qu'elles ont de fin et de piquant.

Eugénie trouve qu'à Paris, on joue parfois dans certains salons un peu de comédie. On y paraît non pas ce qu'on est, mais ce que l'on se fait. « Il y a là » tant d'habileté, de finesse, de chatterie, de sou- » plesse, qu'elle juge que tout cela ne peut s'obtenir » sans préjudice. » Cependant tout ce qui est élégance, bon goût, belles et nobles manières, lui plaît, et « les » causeries, perles fines des femmes, l'enchantent. » C'est charmant, oui c'est charmant « en vérité pour » qui se prend aux apparences..... » Mais son cœur ne s'en contente pas « et le moyen de s'en contenter ! » Deux dames du grand monde sont venues. A enten- » dre leurs paroles expansives, leur mutuel témoi- » gnage d'intérêt, et ce délicieux *ma chère* de Paris, » c'est à les croire amies... Oui, c'est vrai tant qu'elles » sont en présence, mais au départ on dirait que » chacune a laissé sa caricature à l'autre... Plaisantes » liaisons, ajoute Eugénie, mais il en existe d'autres » heureusement pour moi. » Peut on mieux penser, mieux écrire, et plus spirituellement ?

Cependant, le jour de la célébration du mariage approchait ; Maurice s'y préparait en chrétien, et Mlle de Guérin en éprouvait une douce joie. L'état de son frère n'était pas, en effet, la seule cause de ses tristesses. Dans ce milieu dévorant de Paris, la foi de Maurice s'était endormie, peut-être affaiblie. Son cœur avait un peu perdu de sa tendresse accoutumée, il ne contait plus naïvement toutes choses à sa sœur, il se taisait. Ses lectures et ses conversations avaient même fait craindre un instant à Eugénie qu'il ne tournât au libre penseur ; aussi dans son Journal et dans ses lettres, et avec une habileté particulière à la femme, saisissait-elle la moindre occasion de lui rappeler les grands devoirs de l'homme envers Dieu, la beauté de nos mystères, le bonheur enfin de la vie chrétienne. Sa plume sur de pareils sujets devenait toujours éloquente ; certes, Mlle de Guérin savait trop bien que la religion seule remplit le vide de l'âme et jamais la philosophie : « Comble-t-on le désert avec le désert ? » disait un jour M. de Châteaubriand, à propos de Mme de Staël.

Les craintes pieuses d'Eugénie s'étaient donc dissipées, et le 15 novembre, Maurice et Caroline de Gervain recevaient la bénédiction nuptiale aux pieds de l'autel de Notre-Dame de l'Abbaye-aux-Bois. La cérémonie fut touchante ; l'église avait déployé toutes ses pompes, une assistance nombreuse remplissait la nef, le jeune homme était beau comme une fleur qui relève son calice après l'orage aux rayons d'un doux soleil ; « la fiancée avec sa couronne d'orangers sous son » voile à la Bengali, » parut un ange de modestie.

La joie de Mlle de Guérin fut immense. Cependant au sortir de l'église, on rencontra un char funèbre, et les tristes pressentiments revinrent à son cœur. Le soir, il y eut fête brillante dans la famille. Le lendemain tous bénissaient le Seigneur, à genoux devant le même autel, du bonheur de la veille.

Hélas ! ce bonheur devait être bien court. Le 30 novembre Maurice eut un accès. Pendant l'hiver, son état devint beaucoup plus grave, et quand reparurent les beaux jours, les médecins n'avaient plus d'espoir. Le malade désirait cependant retourner au Cayla. Eugénie n'essaya point de l'en dissuader ; depuis longtemps, Paris n'était plus pour elle que le meurtrier de son frère. On partit vers le milieu du mois de juin 1839. Ce voyage fut bien, comme le dit Mlle de Guérin, la voie douloureuse. Le malade était couché dans une voiture de poste; il ne pouvait parler et souffrait comme un martyr, mais Eugénie était là, ange du ciel, pour l'aider à souffrir et à se résigner.

Vingt jours après le départ de Paris, on fut en vue du Cayla, terre d'attente, lieu de repos du pauvre malade, « sa pensée n'allait que là sur la terre depuis » longtemps. On aurait dit qu'il avait hâte d'arriver » pour être à temps d'y mourir. » A peu de distance du château, son père et sa sœur Marie vinrent à sa rencontre ; sa mourante figure les frappa de douleur. » Il était si changé, si défait, si pâle, si branlant sur » son cheval assis à l'anglaise, qu'il ne semblait plus » animé. » La première vue du Cayla le fit tomber dans une sorte d'extase. Quand il se retrouva dans ces murs où s'était écoulée sa première enfance, son visage devint radieux, et ce fut encore une douce joie pour sa famille de le voir content.

On espérait beaucoup du climat de l'air natal, de la chaude température du Midi. Le second jour de son arrivée il fit froid ; Maurice s'en ressentit et eut des frissons. Le lendemain, cependant, il descendit sur la terrasse du château, arracha des herbes autour d'un grenadier et dit à sa femme : ainsi chaque jour j'essayerai mes forces... Il n'y revint plus.

Sa faiblesse augmenta rapidement. Le 18 juillet la toux s'était apaisée, la poitrine paraissait plus libre, mais l'abattement était extrême. La nuit fut mauvaise. Au matin, Eugénie lui trouva le regard d'une effrayante fixité ; il fallut penser aux derniers sacrements.

Jamais peut-être on ne lira des pages plus émouvantes de simplicité, de tendresse et de douleur que celles où Mlle de Guérin retrace presque minute par minute l'agonie de son frère. Elle-même le prépara au grand et dernier sacrifice. Toujours à son chevet comme une autre femme des douleurs, elle sut trouver dans son âme une énergie admirable : « N'as-tu » pas confiance en Dieu, lui disait-elle en l'embras- » sant? Confiance suprême, répondit le malade. » Maurice se confessa et communia avec la foi la plus vive et en pleine jouissance de ses facultés. Pendant la cérémonie, il suivit tout de cœur pieusement, et il écouta le prêtre qui lui parlait du ciel. Un moment après, il colla ses lèvres au crucifix, puis il s'affaiblit, et alors, nous dit Mlle de Guérin, dans un langage qui me paraît sublime : « Nous nous mîmes tous » à le baiser, et lui à mourir... »

C'était le vendredi, 19 juillet 1839, onze jours après l'arrivée de Maurice au Cayla, huit mois seulement après son mariage.

III.

Ai-je tout dit sur Mlle de Guérin? En elle, avec le penseur et l'écrivain, il y a la femme, et celle-ci je voudrais la faire mieux connaître encore.

Je lis, dans un des fragments publiés à la suite du Journal, un mot charmant d'un ancien philosophe que

Mlle de Guérin disait avoir recueilli comme une fleur dans les rocailles : « Les dieux n'ont fait que deux » choses parfaites : la femme et la rose... » Ces paroles de Solon sont souvent très-vraies, et Dieu a réuni en certaines femmes tant de perfections morales, que je comprends très-bien qu'un philosophe-poëte ait pu les appeler un jour : « sœurs de la rose. »

Mlle de Guérin a été l'une de ces femmes. Son cœur a été de ceux qui n'oublient jamais ce qu'ils ont aimé... Rien ne nous émeut comme le cri de Rachel dans Rama, qui ne veut plus être consolée parce que ses enfants ne sont plus. Peut-on, en effet, concevoir un plus beau sentiment que celui de la constance dans la douleur qui suppose la constance dans l'amour?... Ce sentiment a été admirable dans Eugénie. Après la mort de Maurice, cette tendre sœur a eu des cris de Rachel tellement déchirants, qu'ils nous ont remué et nous remuent encore jusqu'au plus profond de l'âme. Depuis le fatal événement, « elle ne vit plus que dans un cercueil. » Autrefois son cœur tenait intérieurement à celui de son frère « par des liens de rose; en » lui tout était riant, tout lui plaisait jusqu'aux » peines; » il n'est plus aujourd'hui, aussi la tristesse l'accable, et son âme est « comme une nacelle sur un » océan de larmes... » Quelle douleur et quelles images !

Cette immense douleur, née d'un immense amour, n'a jamais été de la faiblesse. Au lendemain presque des funérailles de son frère, Eugénie trouve en elle-même assez d'énergie pour commencer un nouveau Journal, et ce Journal elle l'adressera « à Maurice » mort, à Maurice au ciel. » En vérité, cette correspondance de deux âmes séparées par la tombe vous donne parfois comme un frisson. C'est peut-être une œuvre unique dans son genre, belle toujours comme tout ce qui sort de la plume de Mlle de Guérin, mais d'une beauté comparable à celle qui éclate dans une marche funèbre... Ce Journal rempli de sanglots, Eugénie l'aime « comme un reliquaire où se trouve » un cœur tout embaumé de sainteté et d'amour. » Là, elle vient se reposer des fatigues du jour, « elle » y met les bouquets de son désert, ses rencontres, » ses poésies, tout ce que Dieu lui donne pour l'ins- » truire ou l'affermir ; » et dans ces pages émues, Mlle de Guérin garde toujours une espérance : celle de faire du bien, sinon à Maurice mort, du moins à d'autres Maurices vivants. Oui, si quelque héritier de sa cellule lit un jour ce recueil mortuaire tout plein d'amour divin et fraternel, peut-être en deviendra-t-il meilleur.

Sous le poids d'une telle affliction, Mlle de Guérin rechercha plus que jamais le silence, la solitude. La solitude avait toujours été dans ses goûts, et pour plusieurs causes. D'abord, Eugénie n'aimait pas le monde. Toutes les fois qu'elle se voyait obligée d'y paraître, elle y apportait, il est vrai, une grande distinction de manières, mais son cœur s'y trouvait à l'étroit et mal à l'aise. Chose étonnante : dans son cabinet et la plume à la main, Eugénie savait broder sur des riens de la manière la plus fine et la plus délicate ; et dans le monde « elle ne se sentait aucune » facilité de parole dorée, brillante, de ce clinquant » de bouche qui se voit dans les salons. » Ce n'est pas cependant qu'elle n'eût de l'esprit et beaucoup, et nous en avons la preuve dans le portrait si piquant qu'a tracé sa plume de la société parisienne ; mais on rencontre certaines natures qui savent mieux comprendre que s'exprimer, et dans lesquelles « une timi- » dité naturelle gêne, comprime le jet de la pensée. » Mlle de Guérin nous dit elle-même que telle fut sa nature.

Son âme timide se comprimait et se fermait presque toujours au contact du monde. Là, l'air pur et le soleil lui manquaient. Aussi ce monde, qui ne juge que d'après les apparences, trouvait-il parfois à cette fleur délicate des couleurs moins belles et des parfums moins odorants !

Cette timidité comme instinctive a-t-elle été la seule et principale raison de son goût si prononcé pour la retraite? Je ne le crois pas.

Mlle de Guérin était franche, loyale, et rien ne lui plaisait de ce qui se remue par spéculation et diplomatie, pas plus dans les salons que dans l'Etat. Elle était « pour la liberté de la presse, mais non pas pour » la liberté des langues. » Elle trouvait que dans le monde on se déchire si bien l'un l'autre, « qu'on y » gâte tout l'agrément de se voir. » Sa plume écrivait un jour : « les traits d'esprit sont comme des coups » de feu qui font bruit et mal. » Eugénie, en un mot, avait trop de charité pour aimer le monde, qui n'en a jamais. C'est là assurément la source première de ce grand amour qu'elle eut pour la solitude où Dieu l'avait fait naître.

La solitude, d'ailleurs, n'en était pas une pour elle. On dit que Mme de Sévigné avait écrit sur la retraite qui abrita ses dernières années ces deux mots : « Sainte liberté. » Mlle de Guérin aurait pu faire graver la même devise au fronton de son Cayla, car elle était de celles qui en comprennent le sens profond. L'âme, en effet, n'est jamais plus libre que lorsqu'elle sait vivre seule. Alors, au gré de ses désirs, tout se meut, tout parle, tout respire ; tout un monde enfin s'agite dans ses alentours. Elle ne sert et n'obéit à personne. Elle est libre comme un lion au désert. Pour une âme de cette trempe, la solitude n'est nulle part, et avec raison elle peut jeter ce cri si fier et si pur : Sainte liberté.

D'ordinaire, la femme saisit mieux cette vérité que l'homme. La sœur de Maurice le pensait du moins lorsqu'elle écrivait : « Le cœur des femmes est par» leur, et n'a pas besoin de grand'chose ; il lui suffit » de lui-même pour s'étendre à l'infini, et faire l'élo» quent de cette petite tribune où il est, comme d'une » tribune aux harangues. » Mlle de Guérin a tracé dans ces quelques mots son propre portrait.

Cette vie toute de retraite et d'intelligence qui lui fut si chère ne lui fit dédaigner jamais la vie pratique. Cette femme rêveuse, poëte, passionnée pour la lecture, pour une lettre, pour l'idéal, savait redescendre de ces hauteurs avec une facilité qui vous étonne. Eugénie n'a jamais sacrifié le devoir au plaisir. Le cœur tout vibrant encore de poésie, elle courait laver au ruisseau, se livrait aux soins de son ménage, prenait sa quenouille et filait. Voyez cependant comme dans la retraite l'âme se sent les ailes de la liberté. A propos de ce dernier travail, Eugénie écrit : « Je n'étais pas à ma quenouille. L'âme met en train » cette machine de corps, et s'en va. » Oui, son âme s'en allait, s'échappait pour vivre dans les hautes pensées ou dans des souvenirs amis qui devenaient ainsi les hôtes charmants de sa solitude.

Est-il vrai maintenant que Mlle de Guérin ait éprouvé dans sa retraite, surtout après la mort de Maurice, une tristesse si profonde que plusieurs aient cru pouvoir l'appeler : l'ennui ? Non, c'est une erreur. On n'a pas vu qu'un sentiment dominait tous les autres dans le cœur d'Eugénie : la foi ; une foi ardente, généreuse, pleine de sagesse cependant, et dont la sérénité ne fut jamais troublée par des émotions enthousiastes et exagérées. « J'aime le calme, disait Mlle de Guérin, même avec Dieu. » Or, sa douleur fut à la hauteur de sa foi. La mort de Maurice fut pour elle l'acte souverain de la volonté divine. Elle s'y soumit pleinement, et cette résignation chrétienne lui parut être le mouvement le plus sublime de l'âme, parce qu'il est tout de foi et qu'il porte tout à coup de la terre au ciel ; ce sont presque ses propres paroles que je viens de citer. Mlle de Guérin a été un spiritualiste, une croyante au surnaturel par toutes les forces de l'âme. Le ciel fut pendant toute sa vie son espérance. Ses élans vers lui rappellent ceux de saint Paul : ainsi celui-ci : « Je meurs d'envie pour tout ce qui est céleste, » parce qu'ici-bas tout est vil et porte un poids de » terre. » Encore une fois, pour n'avoir pas bien connu et analysé l'âme si profondément religieuse de la solitaire du Cayla, plusieurs ont cru que sa tristesse était de l'ennui ; et dans cette persuasion, ils ont encore affirmé que ses relations devaient nécessairement s'en ressentir et offrir peu d'attraits à ses amis. Autre erreur non moins étrange que la première.

Après avoir parcouru ses lettres, on acquiert cette conviction : ce cœur, qui a aimé avec passion, a toujours été compris, et cette femme, qui ne s'ennuyait nulle part, n'a jamais ennuyé ceux auxquels elle était liée par des relations intimes. Elle n'apportait à ses amis que sa bienveillance, très-peu son savoir, jamais sa tristesse. Ceci me rappelle un trait charmant de Mme de Sévigné. Un jour, elle envoya à la belle et jeune Mme de Lesdiguières, qui faisait profession religieuse, un rameau d'oranger accompagné de cette devise : « Le fruit n'y détruit pas la fleur. » Mlle de Guérin a été une autre Mme de Lesdiguières. Le fruit en elle n'a jamais détruit la fleur ; et quand, sortant de sa solitude, elle découvrait à ceux qu'elle aimait son âme tendre et gracieuse, tous étaient ravis, et le plaisir de la posséder n'était surpassé que par le plaisir de la revoir.

Au reste, une âme sincèrement généreuse rencontre toujours de vrais amis, et Mlle de Guérin, en fait de générosité et de dévouement, ne le cédait à personne. L'égoïsme lui inspirait le plus profond dégoût; au contraire, se donner, se sacrifier pour ceux qu'on aime, était à ses yeux l'élan des grandes âmes. Ce noble sentiment lui fit quitter le Cayla quelques mois après la mort de Maurice, et elle accourut au château des Coques, dans le Nivernais, pour soigner dans sa maladie, et comme une sœur de charité, Mme la baronne de Maistre. Ce voyage était le second. Déjà, pendant son séjour à Paris, Eugénie était venue dans la même résidence pour connaître la douce amie à laquelle elle écrivait depuis longtems et qu'elle n'avait cependant jamais vue, pour l'aimer, pour lui donner force et courage. La sœur inconsolée n'hésita pas un instant à s'éloigner de ses solitaires vallons pour recommencer l'apostolat de l'amitié. Elle aimait Mme la baronne de Maistre, comme elle avait aimé Mlle Louise de Bayne, M. Hippolyte de la Morvonnais, et toutes les âmes qui avaient voulu se déposer dans la sienne, avec une générosité que les obstacles n'arrêtaient pas et que les malheurs ne tarirent jamais. « Franchement, mon amie, » écrivait-elle un jour à Mme de Maistre, « j'ai la rage de vouloir être
» utile, de me dévouer à quelqu'un ou à quelque
» chose. » Ces admirables paroles me semblent résumer toute la vie de Mlle de Guérin.

Elle survécut quelques années encore à son frère. Ses derniers jours furent simples comme les premiers. Penser à Maurice au ciel, réunir les manuscrits de ce frère si tendrement aimé, visiter les malades, faire du bien toujours, aux heures où la poésie l'inspirait reprendre sa lyre et chanter, telles furent les occupations de la fin de sa vie.

En 1841, la faiblesse de sa poitrine l'obligea à faire un voyage aux eaux des Pyrénées. Devant ces montagnes, spectacle nouveau pour elle, sa plume eut, comme toujours, de beaux élans. L'inexprimable architecture de ces monts et de ces vallées, les chemins hardis, les torrents bondissants, le tonnerre qui foudroie les cimes, toute cette fière nature enfin devait inspirer Eugénie de Guérin. Les accents qu'elle fit entendre alors le prouvent éloquemment ; hélas ! ils furent les derniers.

Le soulagement produit par les eaux fut de courte durée. Bientôt ses forces déclinèrent visiblement. Un jour Eugénie se coucha sur le lit de douleur dont elle ne devait plus se relever.

Ici je voudrais me recueillir, et, élevant ma pensée, pieusement redire comment a quitté la terre une âme si pure. Je comprends cependant que la simplicité de cette mort me défend tout ce qui pourrait ressembler à de l'exagération ou de l'apprêt.

Plusieurs ont cru sans doute que ses lèvres mourantes ont dû murmurer quelques-unes de ces paroles belles et touchantes comme le dernier chant du cygne, et qu'une aussi admirable vie n'a pu se terminer que par une de ces morts extraordinaires qui portent l'émotion dans tous les cœurs ; mais ils se sont trompés. Mlle de Guérin repose dans cette même chambre où elle a tant aimé et tant pleuré. Tous les siens entourent sa couche et la regardent mourir comme on regarde mourir une sainte, désolés, mais pleins d'espérance. A cette heure suprême le cœur d'Eugénie est tout à Dieu, et, devant l'éternité qui s'ouvre, comme cette angélique femme qu'un beau livre (le Récit d'une sœur) vient de nous révéler, avec Maurice lui-même plein de santé et de génie, elle ne voudrait pas recommencer la vie. Toute pénétrée des choses du ciel et de leur incomparable beauté, elle dit à sa sœur : « Prends cette clef, tu » trouveras des papiers dans ce tiroir et tu les brû- » leras; tout n'est que vanité. » Ce furent ses dernières paroles; et, après une douce agonie, sa belle âme s'en alla rejoindre au ciel ceux qu'elle avait le plus aimés sur la terre, Dieu et Maurice. C'était le 31 mai 1848.

Bossuet a dit quelque part : « L'univers n'a rien » de plus grand que les grands hommes modestes. »

Certes, la sœur de Maurice fut une grande âme. Rarement il se pourra rencontrer une femme dans laquelle se trouvent réunies à un degré plus remarquable autant de qualités et de vertus. Intelligence, cœur, volonté, bon sens, poésie, foi, piété, elle eut tout cela, et tout cela forme en elle le plus harmonieux ensemble qui se puisse voir, sans une dissonnance.

Cette grande âme aussi fut modeste, et sous ce voile de modestie si aimable et si doux, Mlle de Guérin se cacha durant toute sa vie. Heureusement le voile a été déchiré après sa mort, et une des plus nobles figures de ce siècle nous est apparue.

Deux femmes, dans ces derniers temps, furent destinées, dans les mystérieux desseins de la Providence, à exercer sur les âmes une grande et salutaire influence; Mme Swetchine et Mlle Eugénie de Guérin. La première, dame des cours et des salons, écrivant dans un style qui laisse deviner l'accent étranger mais de grande manière, froide quelquefois, à la pensée profonde, un peu voilée cependant comme un ciel du Nord à demi caché dans les brumes; la seconde, « simple fille des champs, » nature toute française, maniant notre langue avec une aisance incomparable, à la phrase vive, nette, claire comme du cristal, toujours d'un sens profond et d'un jugement parfait ; toutes deux d'une intelligence supérieure, au cœur tendre et large, à l'âme céleste.

C'est la France qui a formé et révélé au monde ces deux femmes illustres ; c'est elle qui a consacré leur gloire, et je bénis la main de Dieu qui, sur cette terre éternellement féconde de notre patrie, se plaît à susciter, au milieu des temps les plus agités, des âmes d'élite pour écrire certains livres exquis, et des âmes d'élite aussi pour les comprendre.

Eugénie sut écrire un de ces livres, et elle sera lue, goûtée, admirée par toute âme pure, généreuse, loyale ; par tous ceux, enfin, qui savent respecter et aimer les deux seules grandeurs dignes de ce nom, et que je salue une dernière fois dans Mlle de Guérin : la vertu et le génie.

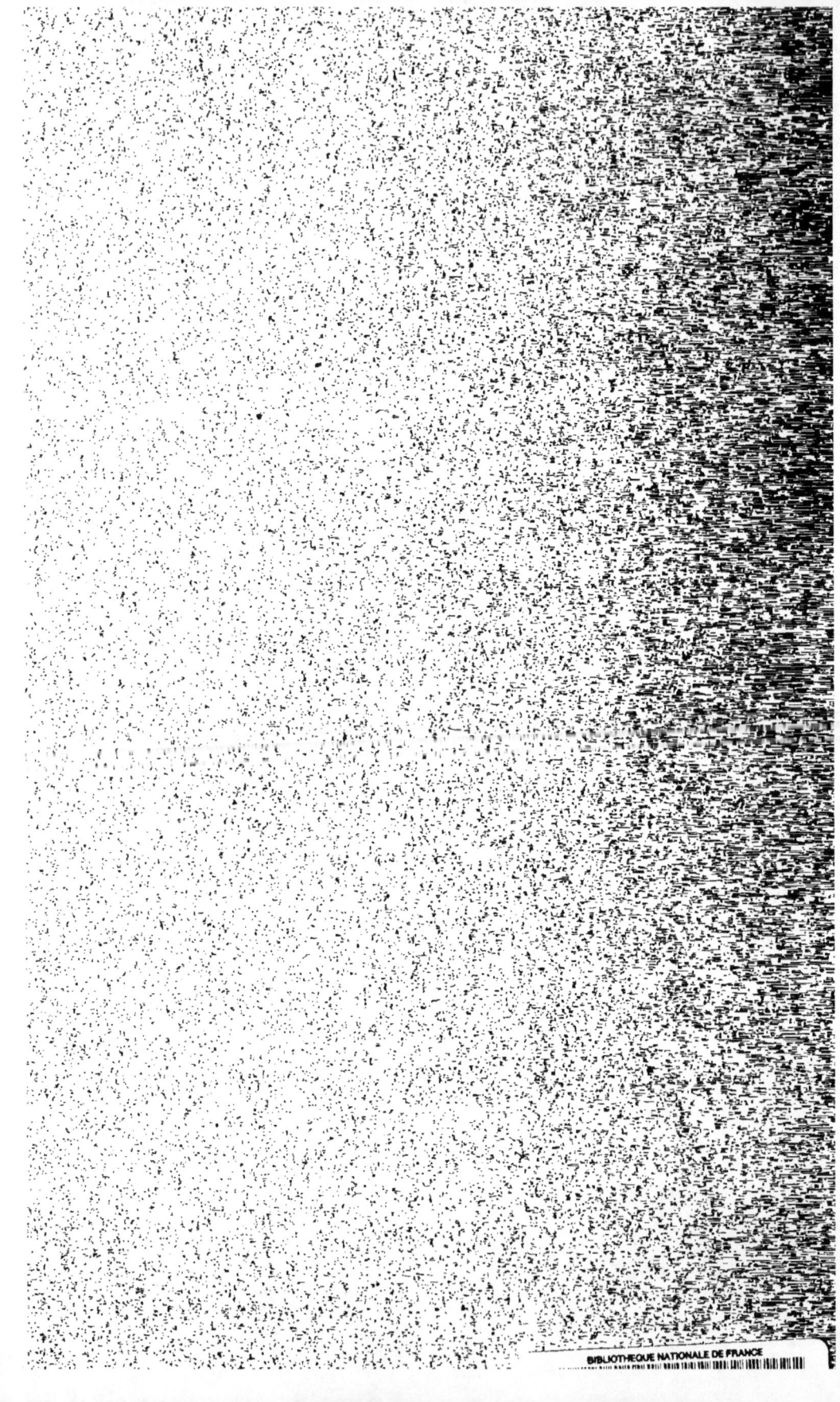

www.ingramcontent.com/pod-product-compliance
Lightning Source LLC
Chambersburg PA
CBHW060508050426
42451CB00009B/872